Joseph Déjacque

# La Législation directe et universelle

*Essai*

ISBN : 978-1973848059

10  9  8  7  6  5  4  3  2  1

*Joseph Déjacque*

# La Législation directe et universelle

*Essai*

# Table de Matières

## Section I

Pour libertaire ou anarchiste que l'on soit, il n'en faut pas moins vivre dans son siècle, compter avec les populations contemporaines. On peut entrevoir la grande et libre cité humaine, la cité de l'avenir, mais on ne peut y aborder qu'en passant sur le corps de plusieurs générations. Trop de masses ignorantes encombrent encore la route qui y conduit pour oser espérer y pénétrer d'un bond ; aussi, anarchistes ou libertaires, nous faut-il, péniblement, de l'épaule et du coude, nous ouvrir un passage à travers cette cohue moutonnière et lui frayer à elle-même une voie pour la faire s'avancer à notre remorque au débarcadère du monde futur, aux premières stations de la société harmonique ; et cela uniquement par l'entraînement de notre marche. L'exemple, la pensée qui agit, la force d'initiative est plus puissante en révolution que le commandement, la pensée qui s'immobilise, la force de compressibilité. Les hommes bruts, les simples et les faibles d'esprit, comme tous les enfants, sont toujours plus disposés à singer la conduite de leurs moralisateurs qu'à se conformer à leurs leçons. Il y a un instinct naturel qui fait que l'homme le plus chétif se révolte toujours contre celui qui veut lui imposer sa domination par la violence. La violence dictatoriale, comme il a été démontré précédemment, ne peut rien pour le bien, le voulût-elle. La tyrannie, fût-elle démagogique, n'est pas de nature à faire avancer la peuple vers le Progrès, mais à le faire reculer. Quel que soit la morsure des chiens et les coups de gaule du berger, on verra toujours le troupeau d'hommes ou de mouton, le troupeau de bêtes refuser obstinément de franchir le ruisseau dont le cours l'effraye, y eut-il nécessité de salut public à le franchir ; tous se laisseraient plutôt immoler les uns après les autres que de céder à la brutale, à l'arbitraire pression. Mais que sans violence aucune, librement, spontanément, quelques uns plus hardis que leurs compagnons sautent par dessus l'obstacle ou le traversent à la nage et tout le reste du troupeau passera sur leurs traces, tout jusqu'au plus petit, tout jusqu'au dernier.

Il faut le reconnaître, le radicalisme anarchique n'est pas possible du jour au lendemain pour une génération comme la nôtre, multitude maladive vagissant encore dans ses vieux langes à l'âge où elle devrait et marcher seule. Vieille enfant des siècles passés, elle a été allaitée successivement par la Sauvagerie, la Barbarie, et la Civilisation, trois exécrables marâtres au biberon des préjugés. Elle a sucé le légal, le respect imbécile de l'Autorité avec toutes les falsifications humanicides que, sous le nom de religion et de politique, le charlatanisme scientifique lui a mis de sa face. L'habitude est une seconde nature, de sorte encore il lui répugne de goûter toute autre et plus solide nourriture. Pour la sevrer de ma traditionnelle éducation servile, on ne le peut guère qu'en lui donnant, par dose proportionnelle à son tempérament, les aliments de nutrition révolutionnaire doivent la régénérer et faire disparaître à la longue les traces d'atonie et de crétinisme que des mille et des cents ans d'abreuvement inquisitorial ont entonné son sein. Suppliciée de l'orthodoxie autoritaire, gît garrottée du front et disloquée de la cervelle sous le rire sardonique de ses bourreaux. Son berceau n'a été qu'un chevalet de torture où son esprit a été tordu la question. Il s'agit de redresser cet esprit, de remettre en ses morales articulations, de provoquer à la coordination de ses mouvements, au rétablissement ses facultés, de ses aptitudes. Il ne faut pas se faire illusion, la masse du peuple est perclue du mental. Les ténèbres dans lesquelles l'ont tenu la religion et la politique, tous les tortionnaires et valets de tortionnaires laïques et ecclésiastiques, ont tellement pesé sur ses paupières qu'elles l'ont rendue presque aveugle. Il faut, par un procédé transitoire, par une organisation qui ne soit pas encore l'avenir mais qui ne soit plus déjà le passé, l'opérer de la cataracte, enlever le voile qui couvre sa pensée ; et après l'avoir guérie de son opacité, après lui avoir fait recouvrer la vue intellectuelle, la mettre hardiment en contact avec l'idée des temps futurs, la lumière ultracontemporaine, afin qu'éclairée et réchauffée, caressée par ses rayons, elle marche désormais d'un pas ferme et rapide la découverte incessante du progrès social, à la possession progressive de l'individuelle et universelle liberté.

Ce moyen transitoire, j'en ai dit en passant quelques mots dans le Libertaire, j'en ai parlé plus longuement dans une brochure intitulée la Question révolutionnaire, c'est la législation directe et universelle.

La législation directe et universelle n'est pas un principe tant s'en faut, c'est un instrument de manifestation, une manière d'être révolutionnaire essentiellement provisoire, un moyen encore grossier et presque primitif comme le prolétariat de nos jours, mais par cela même à la portée de tous, et qui est de nature à préparer le développement des esprits, le bouleversement physique et moral de la vieille société et à la conduire [d'évolution en évolutions], de la souveraineté collective, la souveraineté du peuple, la souveraineté individuelle, la souveraineté de l'homme, de l'être humain. C'est un pont volant, une planche de sauvetage pour passer de l'épave du présent à la terre ferme de l'avenir. Comme les naufragés de la Méduse, nous sommes sur un radeau où la fibre révolutionnaire des masses est menacées de périr d'inanition. Il faut en sortir à tout prix ; tirer le peuple de cette position critique ; il faut mettre à sa disposition le pain quotidien du cerveau, l'exercice de la législation universelle et directe, afin que, par l'emploi démocratique de la liberté légale, il finisse par s'habituer et s'initier de lui-même à l'idée comme à la pratique de la liberté anarchique.

Qu'avant peu l'enchaînement des circonstances, la fatalité des choses amènent en Europe un mouvement insurrectionnel de peuples, c'est ce qui n'est un doute pour personne. Que le prolétariat se retrouve encore une fois victorieux et en armes sur les débris des trônes, déchaîné, sinon libre, entre les quatre murs ou les quatre piliers de la Civilisation, — l'esprit de gouvernement, l'esprit de propriété, l'esprit de religion et l'esprit de famille, porte de quadrilatère du principe d'autorité, — et il court grand risque de s'être encore une fois, battu pour le roi de Prusse ou l'empereur de France, tout comme des patriotes italiens ou de stupides soldats. Il n'a pour cela qu'à refaire ce qu'il a toujours fait, c'est-à-dire réparer de ses mains caleuses** les parois dégradées de l'autorité gouvernementale, la replâtrer nous le nom de dictature ou de comité de salut public quelconque, si bénin et si provisoire même que s'annonce ce comité ou cette dictature. Supposons, au contraire, qu'au jour de la victoire le prolétariat inaugure immédiatement le système de législation directe et universelle, et, aussitôt, sur l'initiative des plus révolutionnaires et sous l'empire des premiers élans d'enthousiasme, il ébranle à coups redoublés les murailles de son antique prison, il les bat en brèche**, il les troue de fond en combles, il les éventre sur les quatre faces et s'ouvre ainsi autant d'issues pour sortir de l'ordre ancien, achever l'œuvre de démolition de l'idée autoritaire s'en éloigner chaque jour de plus en plus et ne rapprocher de plus en plus chaque jour de l'ordre nouveau, de l'édification anarchique de la liberté.

Avec le droit direct et universel au vote de la loi, il est évident que tout le monde se trouve et se sent intéressé à n'adopter que ce qui est de bien public et à rejeter tout ce qui est de nature à y porter atteinte. Le progrès individuel devient une conséquence logique du travail général des intelligences, — travail provoqué par le maniement du vote législatif, — et le progrès social une conséquence non moins fatale du progrès individuel. C'est l'instruction et l'éducation obligatoires de tous par chacun et de chacun par tous. Tous et chacun ayant un intérêt direct à la bonne organisation de la société et chacun et tous participant en fait et en droit à son organisation, il n'en peut résulter qu'une amélioration croissante pour l'individu comme pour la société.

Jusqu'à présent le peuple n'a été qu'un mythe, une fiction ; n'existe que sur le papier, c'est un être fabuleux qui ne figure que dans les mille et une proclamations de jour et de nuit des politiques orientaux ou occidentaux. On s'en sert comme d'une formule métaphysique bonne à jeter de la poudre aux yeux des imbéciles et ouvrir aux intrigants les portes du pouvoir, absolument comme de son antithèse, cette autre personnalité mythologique, baptisée du nom de Dieu. C'est le «sésame ouvre-toi» des aventuriers à la recherche des satisfactions gouvernementales, le talisman des ambitions malfaisantes, la clé merveilleuse de leur tyrannique puissance. Les Césars rouges comme les Césars tricolores ne règnent et ne gouvernent oui ne prétendent à régner et à gouverner que par la vertu de ces syllabes magiques : Dieu et le Peuple. Tous leurs hiéroglyphes d'Etat sont entrelacés de phrases dans le style de celles-ci : — Par la grâce de Dieu et la volonté du Peuple, nous leurs représentants sacrés et couronnés, leurs pontifes légitimes, mandons et ordonnons que devant notre infiniment aimable et miséricordieuse Majesté chacun se prosterne la face contre terre et nous adore en ses génuflexions comme son seigneur et maître, faute de quoi il sera roué en place publique, fustigé en cellule privée, passé par les armes, rendu au gibet ou garrotté sur n'importe quel échafaud jusqu'à ce que mort s'en suive. Ou bien : Liberté, égalité, fraternité, c'est-à-dire sous l'invocation d'une autre très-Sainte Trinité, la divinité démagogique, et au nom de la souveraineté du Peuple, nous leurs représentants officiels, leurs eucharistiques mandataires sortis du vase d'élection, mandons et décrétons que chacun a le droit et le devoir de nous obéir aveuglément, servilement, et de conformer en tout et partout ses pensées comme ses actions à notre bon plaisir, sous peine, en n'observant pas nos dits commandements, de se voir appréhender au corps, jeté en pâture à la gueule des patrons et, à la rigueur, d'avoir les poings coupés et la tête tranchée.

Qu'est-ce donc, en définitive, que le Peuple, le représenté, avec ses représentants rouges ou bleus, blancs ou tricolores ? Je vous dis, moi, que ce peuple-là n'est pas un peuple souverainement vivant, pas plus que le seigneur Dieu n'est une existence réelle, c'est un scandaleux juron, un sacré nom de Peuple et un sacré nom de Dieu, voilà toute la Science a soufflé sur le Dieu et l'a fait fuir devant elle comme une balle de savon ; la bulle a crevé aux yeux des plus clairvoyants ; il n'en reste bientôt plus de trace que dans les imaginations les plus attardées. Déjà dans les sphères de la dialectique, et pour désigner ce qui reste inexpliqué, on ne dit plus Dieu, mais l'inconnu. Malheureusement nous n'en sommes pas encore là à l'égard du Peuple. La démocratie, le gouvernement du peuple par le peuple, la souveraineté collective est l'état de chrysalidation par lequel doit passer la multitude rampante avant d'atteindre à l'autonomie, au gouvernement de l'homme par soi-même, à la souveraineté infiniment individuelle. Constituons donc la législation directe et universelle afin de métamorphoser par le stimulant d'un intérêt universel et direct, la passivité des masses en activité, l'esprit inerte en intelligence animée. Sortons le prend nombre de son néant ; créons la matière humaine, imprimons lui le mouvement, façonnons-la au progrès.

L'ignorance populaire étant donnée, on ne peut résoudre le problème de son extinction que par la législation directe et universelle. C'est le fluide chaleureux et vermeil qui fera circuler la vie dans les réseaux organiques du corps social, aujourd'hui fœtus informe, chaos inepte. C'est l'alphabet de la liberté mis aux mains des foules esclaves, l'école mutuelle des sociétés encore en enfance.

## Section II

Archimède disait : "Qu'on me donne un point d'appui et, l'aide du levier, je soulèverai le monde." Qu'on m'accorde la législation directe et universelle et il ne me sera pas difficile de prouver qu'à l'aide de l'égoïsme individuel, cet universel levier révolutionnaire, on peut remuer les intelligences les plus pesantes, les soulever de la ténébreuse ornière où elles sont embourbées, et les précipiter dans les voies nouvelles, et avec un mouvement de progression de jour en jour plus marqué, vers un milieu de moins en moins crépusculaire, sur la pente naturelle du progrès social.

La grande, la sérieuse difficulté, difficulté qui, si l'on veut, n'en est pas une, c'est de faire accepter ce mécanisme, sur le champ, par le peuple insurgé et vainqueur ; c'est de le faire décréter par les prolétaires en armes sur leurs barricades, pavois révolutionnaires, et non pas le lendemain, mais le jour même de la victoire ; car le prolétariat n'est que trop disposé toujours à abdiquer entre les mains de nouveaux maîtres, à leur abandonner le trophée de ses droits reconquis.

Au lieu de nommer un gouvernement provisoire ou un comité de salut public composé des noms le plus justement ou le plus injustement populaires, et qui, volontairement ou involontairement, malgré leur popularité, ne peuvent que trahir la Révolution ; il serait, mille fois préférable de nommer une commission chargée, par mandat parement impératif et exclusivement administratif, d'organiser dans les vingt-quatre heures le fractionnement des sections législatives, leur rouage direct et universel. Et, afin qu'ils ne pussent tromper personne, ce serait de choisir ces commissaires parmi les réacteurs les plus compromis, les plus exécrablement célèbres ; enfin les plus voleurs et les plus assassins d'entre les exploiteurs ; des échappés de l'Empire portant sur l'épaule ou sur le front le stigmate encore fumant de la réprobation publique, la mention cuisante de leurs crimes, les Fould, les Rouher, les Baroche, tous les Trop-long alors du gouvernement déchu. Ceux-là, on pourrait leur river la chaîne au cou et le boulet aux pieds et leur donner pour un jour, mais un seul jour ! pour bagne l'Hôtel-de-Ville. Dans ce court espace de temps ils ne sauraient trahir le peuple, n'ayant en leur possession ni la force morale ni la force brutale. Comme les forçats de Brest ou de Toulon à qui, autrefois, l'on faisait grâce de leur peine la condition de brise : la cheville qui retenait sur le chantier le navire prêt à être lancé la mer ; galériens de l'Hôtel-de-Ville, forçats de la Révolution triomphante, ils s'estimeraient trop heureux de racheter leur reste de vie, — dussent-ils aller la cacher aux antipodes de l'Europe, au fond des forêts les plus inaccessibles à l'homme, — par un travail de bureau de quelques heures, travail facile pour eux et auquel du reste seraient tout aussi aptes que n'importe quels fourriers de régiment, mais travail qui, une fois accompli, permettrait à la législation directe et universelle, carène toute mâtée et pourvue de ses voiles et agrès, de glisser enfin de ses chantiers et de prendre le large aux votes mille fois répétés de vive le Progrès, vive la Révolution !...

La division des sections législatives et leur centralisation unitaire n'est pas plus difficile à établir que la division et la centralisation des sections électorales ; il n'y a qu'un accroissement de sections, voilà tout. C'est un travail de bureaucratie auquel, au besoin, on peut suppléer provisoirement et même définitivement par des groupements anarchiques discutant et votant, acclamant, pour ainsi dire, d'urgence les mesures de nécessités locales. C'est aux révolutionnaires, autorités naturelles en temps de révolution, à prendre l'initiative du mouvement de salut publie ; à proposer pour que le peuple dispose. C'est à eux de parler, d'écrire, d'agir en permanence ; à eux d'enthousiasmer les masses ignorantes et d'en faire des volontaires de l'intelligence ; à eux de les lancer à la pointe du vote contre les institutions séculaires de l'oppression et de la servitude à la conquête et à la défense des droits de l'être-humain.

Cette commission de réacteurs les plus réprouvés, telle que je le proposai plus haut (commission inutile en soi puisque le premier venu est propre à ce travail), c'est à la seule fin de faire du seuil de l'Hôtel-de-ville, — au lieu d'un tréteau honorifique, — un tréteau infâmant, le pilori de l'Autorité, passée, présente et à venir. C'est pour déconsidérer dans l'esprit des masses et par une exhibition charivarique du Pouvoir, tous les provisoires incor... rigibles, tous les prétendants démagogiques qui rêvent la transformation de ce palais communal en Louvre, et de son balcon en trône.

Toute représentation, toute délégation doit être souverainement, absolument interdite sous quelque prétexte et pour quelque cause que ce soit ; car la représentation, la délégation, c'est l'abdication. Tout au plus peut-on nommer à des fonctions administratives, et encore, non pas toujours universellement mais surtout spécialement, c'est-à-dire chacun suivant ses aptitudes.

Le mieux est de laisser le plus possible à l'initiative de chacun. Ainsi, il serait bon qu'il se formât une commission pour l'élaboration de projets de lois (quand je dis lois c'est plutôt décrets, proclamations, je ne m'exprime pas juste, et il me semble que tous ces mots-là grincent sous ma plume et me chatouillent désagréablement les oreilles). Mais cette commission il est tout à fait inutile qu'elle relève de l'élection populaire. C'est une sorte d'académie libre qui doit se former par agrégation, se recruter volontairement parmi les deux sexes. Il n'y aurait aucun inconvénient à ce qu'il s'en organisât plusieurs en concurrence l'une de l'autre ; au contraire, ce serait un stimulant que la rivalité pour chacune d'elles. Ces académies pourraient et devraient même publier chaque semaine ou chaque mois un compte-rendu de leurs séances, un bulletin de leurs travaux, publication qui, vendue à un grand ou petit nombre d'exemplaires, selon que l'esprit publie lui accorderait plus ou moins de valeur, pourrait servir à la rétribution de chacun des membres de ces assemblées. Ces commissions ou ces académies seront en système de législation directe et universelle ce qu'est le Conseil d'Etat en régime impérial. La différence c'est que les unes seront libres et anarchiques, tandis que l'autre est servile et privilégiée. Dans tous les cas, elles ne sauraient empêcher que toute personne, homme ou femme, qui voudra prendre l'initiative d'une proposition ne puisse le faire, et cela pour les questions d'intérêt général comme pour les questions d'intérêt local. Chacun a le droit de parole dans sa section comme le droit de publicité dans la presse, et il suffit que sa motion ait de l'écho, qu'elle réunisse un certain nombre d'adhérents pour qu'elle soit inscrite à l'ordre du jour des sections de la commune, si elle est d'intérêt local, ou à l'ordre du jour de toutes les sections de la république, si elle est d'intérêt général.

Dans les premiers moments, il est possible que les sections soient obligées de demeurer en permanence même une partie du jour, mais bientôt elles ne tiendraient plus séance que le soir ; quelques heures de veillée, une fois ou deux par semaine suffiraient ensuite pour la discussion et le vote des... lois, (affreux mot ! et qui ne répond guère à ma pensée) attendu que les questions auraient été élaborées pour la plupart par la presse et les académies, de qui abrégerait grandement le travail des sections. D'ailleurs, c'est surtout en fait de lois qu'il en faut le moins possible ; il s'agit bien plus de les défaire que de les refaire. Toutefois, la loi, la décision, la chose quelconque étant toujours considérée comme provisoire et ne pouvant en aucun cas revêtir un caractère de durée fixe, — en supposant que le peuple se trompe parfois, qu'il se fourvoie par son vote, — le lendemain il est libre de casser, par un vote contraire, ce qu'il a sanctionné la veille. S'il porte avec lui le mal, il porte aussi avec lui le remède.

Un des plus tristes spectacles au lendemain de Février, c'est le spectacle des clubs. Parqué entre quatre murs, le peuple se moutonnait dans son effervescence, il donnait de la voix et de la main à tort et à travers, comme un bélier de la tête ; il s'exprimait à pourfendre l'exploiteur et ne réussissait qu'à patauger dans le ridicule. C'est que les discussions de club, discussions oiseuses que couronnait un vote illusoire, l'enchevêtraient dans des questions de personnes ou l'égarait dans un bourbier aride en lui donnant pour thèse ou pour terrain l'œuvre de ses gouvernants provisoires, de ses représentants constituants. Dans de pareilles conditions, le club était autant fait pour l'abrutir que pour l'éclairer. Pour que l'intelligence du peuple se manifeste dans la discussion et s'y développe, il faut qu'il ait un intérêt immédiat dans la solution de la question. Il faut qu'un attrait puissant, un but prochain d'amélioration sociale lui fasse battre le cœur et mette en érection son esprit pour lui faire sentir la virilité de sa nature et le pousser à des actes de fécondité mentale. Contrairement au club, dans la section législative il règne et gouverne : il n'est plus esclave là, il est souverain. Le droit de vote, qui le fait l'égal de tous, est son sceptre. La voix impérieuse de la nécessité lui crie qu'il faut s'en montrer digne s'il veut le conserver ; et cette voix parle trop haut, pour qu'il ne l'écoute pas. Nécessité oblige !

Le mécanisme de la législation directe et universelle est la même que celui du suffrage direct et universel. Il n'est pas plus difficile de voter pour la loi que pour des hommes. Il y aura des lois candidates comme il y avait des hommes candidats. C'est au peuple à discerner le bien du mal. Il ne lui sera pas plus impossible de choisir les meilleures lois que les meilleurs représentants. D'autant plus que le représentant, lui, ne tient jamais ce qu'avait promis le candidat : il est essentiellement incapable quand il n'est pas essentiellement corruptible. Tandis que la loi, elle, n'est que ce qu'on la fait. Et, comme elle est essentiellement provisoire, et que le législateur, qui est tout le monde, peut toujours la défaire, elle est beaucoup moins dangereuse que le représentant, sans parler même de tous les inconvénients attachés à la représentation et qui font que le mandant, souverain la veille, se trouve n'être plus, au lendemain de l'élection, que le serviteur du mandataire.

Quant aux résultats à obtenir de l'exercice de la législation directe et universelle, ils dépendent naturellement de la bonne volonté des révolutionnaires qui sont à la limaille populaire ce qu'est l'outil aimanté au fer qui ne l'est pas plus ils dégageront de fluide anarchique, et plus ils remueront d'affinités dans les masses et plus, par conséquent, ils en entraîneront à leur suite dans la direction du progrès social. Tout dépend donc de la conduite et du degré d'intelligence de ceux qui se disent socialistes.

Ce serait dépasser les limites du cadre que je me suis tracé, et qui est de démontrer l'urgence et la nécessité de la législation directe et universelle, en essayant de discuter par avance les lois qu'elle peut produire. C'est comme si avant l'application du suffrage direct et universel on avait voulu discuter les hommes qu'il pourrait élire. Ce n'est pas que je veuille dire cependant qu'il est sans utilité de s'en occuper. Seulement il faut reconnaître que les circonstances pourront modifier les choses aujourd'hui en question.

Ainsi, sans formuler dès à présent aucun projet de lois, il m'est bien permis de parler d'une loi encore existante et qui, sans grande modification, peut, avec le peuple directement et universellement législateur, démolir de fond en comble la propriété ; et cela du consentement général si ce n'est unanime du peuple, aussi peu révolutionnaire même qu'il l'est présentement : c'est la loi d'expropriation pour cause d'utilité publique.

Rien de plus naturel qu'un révolutionnaire ou un groupe de révolutionnaires propose à l'adhésion du peuple la résolution suivante :

"Attendu que le droit au travail ne peut exister tant que la propriété de l'instrument de travail sera morcelée et livrée à la discrétion de détenteurs arbitraires ;

"Considérant qu'il est de l'intérêt des producteurs de faire cesser sans délai un pareil état de choses ; que c'est pour eux un droit et un devoir ;

"Vu la loi d'expropriation pour cause d'utilité publique, plaise au peuple de décréter que tous les propriétaires de champs ou d'usines, tous les accapareurs d'objets de production ou de consommation, tous les détenteurs du sol et de ses dépendances, soient à l'instant expropriés pour cause d'utilité publique le tous meubles et immeubles à eux appartenant et remboursés, après estimation pardevant** arbitres, de la valeur de leurs propriétés, avec indemnité du dixième en sus, le tout payable en bons d'échange hypothéqués sur la propriété elle-même et sur l'ensemble des propriétés nationales devenues propriétés une et indivisible."

Toutes les sections consultées répondront évidemment et à l'immense majorité : Oui. Qui pourrait s'élever contre un pareil vote ? personne. Non-seulement il ne dépouille pas les voleurs, titrés aujourd'hui du nom de propriétaires, il leur accorde même une prime d'indemnité, il les fait jouir d'un bénéfice, il les enrichit d'un dixième. D'un autre côté, le paysan qui n'avait en propriété qu'un coin de champ insuffisant pour occuper ses bras ou qui même n'en avait pas du tout, pourra entrer en possession d'une part de terre proportionnelle à son activité individuelle, ou bien se mettre en association, entrer, de collectivité, en possession d'une certaine étendue de terrain et y faire, avec ses co-sociétaires, de la grande culture sur une large échelle et avec toutes les machines et instruments aratoires nécessaires à cet effet. L'ouvrier des villes pourra en faire autant en ce qui concerne son industrie, soit qu'il veuille l'instrument de travail pour produire isolément soit qu'il préfère le matériel nécessaire pour produire en association. Mais, dira-t-on, si le peuple prend aujourd'hui le droit d'exproprier sans indemnité et même sans remboursement, toujours pour la même cause d'utilité publique ? Assurément. Et c'est justement là le progrès. En législation directe et universelle, tout ce qu'on légifère, tout ce qu'on décrète est toujours provisoire, et le cote du lendemain n'hérite du vote de la veille ou ne l'accepte que sous bénéfice d'inventaire. C'est

Joseph Déjacque

à ceux qui spéculent sur des droits artificiels, sur une hausse factice de leur quote-part dans la société à se familiariser avec l'idée de baisse continue jusqu'à ce qu'ils aient atteint le niveau des droits naturels. La législation directe et universelle a pour mission de nous conduire tous et chacun, exploiteurs et exploités, de transition en transition à l'égalité sociale, comme elle aura pour but final de nous entre-ouvrir les voies de l'anarchique liberté.

Avant d'en finir avec la loi d'expropriation pour cause d'utilité publique, disons aussi qu'elle peut également exproprier tous les héritiers, supprimer en fait et en droit les héritages qui au lieu d'être, comme aujourd'hui, dêvolus** arbitrairement à des individus privilégiés, retourneraient alors au fonds social et serviraient ainsi de legs commun à tous les enfants de la république indistinctement.

J'ai parlé de cette loi, — la plus révolutionnaire que jamais réactionnaire ait pu voter, — pour donner une idée de ce que l'on peut faire et faire sans choquer ni froisser le moins du monde les préjugés acquis. Avec la législation directe et universelle, et si les révolutionnaires savent s'en sertir, le progrès peut s'opérer rapidement, pacifiquement et sans grande perturbation même pour les privilégiés d'aujourd'hui, attendu que ce qu'ils perdront d'un côté sera largement compensé par les bénéfices résultant pour tous de l'abolition des privilèges. Leur opposition sourde ou éclatante pourrait seule leur porter préjudice en amoncelant sur eux des colères terribles, en transformant le cours paisible et régulier de la révolution en débordement impétueux et sanglant. Qu'ils n'essayent donc pas de faire barrage, car la crue révolutionnaire, en venant battre leur digue, la mettrait en pièces et l'emporterait, comme autant d'épaves, dans ses flots rendus formidables.

"Chassez... l'artificiel, il revient au galop." On a beau se mettre en garde contre son éducation de jeunesse, on y revient souvent malgré soi. Ainsi, il arrivera que dans la conversation, dans un article ou dans un discours on s'écrira parfois : "Mon Dieu !" bien que l'on soit foncièrement athée ; ou bien qu'en parlant de la cause populaire on dira la sainte cause, parce que pour cela on veuille le moins du monde faire de la cause une Sainte quelconque. C'est la faute à Voltaire, dira-t-on, c'est la faute à Robespierre, c'est la faute à tous les bourgeois libéraux, nos maîtres et tuteurs, qui ont trouvé bon de refaire le calendrier et de nous replacer sous l'invocation d'une foule de saints et de saintes, la Sainte liberté entr'autres, toujours vierge et pas du tout féconde, et d'un Père bon Dieu, baptisé du nom de l'Etre-Suprême**. C'est leur faute, sans doute ; mais c'est bien aussi un peu la nôtre, qui ne faisons pas toujours tout ce qu'il faudrait pour désapprendre ce qu'ils nous ont appris. Quant à moi, peut-être me suis-je servi improprement du mot législation. A vrai dire, ce n'est pas positivement, de la législation que fera le peuple, puisque ses décisions, ses votes ne seront qu'éphémères, et que l'idée de législation entraîne avec soi une certaine idée d'immuabilité, la loi naturelle, la loi innée, — contrairement à la loi arbitraire, à la loi de fabrication humaine, étant immuable en son principe. La dénomination de dictature directe et universelle, sans être beaucoup plus correcte, eût peut-être mieux convenu. Car je n'entends pas que le peuple soit convié à foire une Constitution, ni un Code civil, ni un code pénal, mais à formuler trois ou quatre principes fondamentaux, qui serviraient de liens à toutes les communes fédérées, et à décréter au fur et à masure, dans chaque commune, les mesures de salut public exigées par les nécessités du moment.

Il serait donc bon d'entrer ici dans quelques détails, afin de dissiper tout équivoque ; car ce que j'ai publié antérieurement dans la Question révolutionnaire est loin de satisfaire au progrès de mes idées ; c'est un travail qui demande révision, et qui sera matière à un prochain article.

## Section III

Comme je m'y suis engagé dans un précédent article, je donne aujourd'hui la révision du passage de la Question révolutionnaire relatif à la Législation directe :

De la législation directe comme transition pour arriver à l'anarchie.

La législation directe, avec sa majorité et sa minorité, n'est certainement pas le dernier mot de la science sociale, car c'est encore du gouvernement et, je l'ai dit, je suis de ceux qui tendent à la souveraineté individuelle. Mais puisque la souveraineté individuelle n'a pas encore de populaire formule, que je sache, qu'elle est encore à l'état d'intuition dans l'esprit des masses, il faut bien se résoudre à ce qui est applicable, c'est-à-dire à la forme la plus démocratique de gouvernement, en attendant son abolition absolue. D'ailleurs, avec la législation directe, la majorité est et demeure toujours mouvante. Comme une marée, elle se déplace chaque jour sous l'action incessante, sous l[a] propagande des idées de progrès. Enfin, c'est aujourd'hui le seul moyen de force à employer, la ligne la plus droite à suivre pour arriver à la réalisation de toutes les réformes sociales.

A ceux qui contestent l'aptitude du peuple à légiférer son intelligence, à se gouverner lui-même, je répondrai par ses votes depuis 48. Qu'on démontre qu'ils n'ont pas toujours été intelligents, toujours révolutionnaires, je ne dis pas en résultat, mais en principe. Est-ce que, dans cette période de quatre années, les intrigants qui ont sollicité ses suffrages ne l'ont pas fait avec des programmes de réformes ? Est-ce qu'en Février les royalistes ne se disaient pas le plus républicains ! Est-ce que l'élection du 10 décembre même ne fut pas une protestation contre la bourgeoisie, les mains rouges encore et fumantes des journées de Juin ? Et est-ce donc sa faute à lui si toutes les promesses ne furent que des mensonges ? Et est-ce que le jour où il sera appelé à voter sur la loi, au lieu de voter sur les hommes, le résultat ne sera pas tout différent ?

Et encore, ajouterai-je, dans quelle condition le peuple a-t-il voté ? Etait-il libre ? Non. Mais sous la dépendance du maître qui lui insinuait : « Vote pour un tel que tu suspectes peut-être bien n'être point ton affaire ; mais vote pour lui et non pour tel autre dont la candidature te satisferait mieux, car je te tiens par le ventre... ; et, pour des réformes qui n'auraient leur effet que dans six mois, — en supposant qu'elles obtinssent à la chambre une majorité, — demain tu crèveras de misère et de faim : ton vote et du travail, ou ton indépendance et en chasse de l'atelier... » Tandis que devant le vote de la loi par le peuple lui-même, quand du jour au lendemain il pourra s'approprier l'instrument de travail, assurer sa subsistance, la menace entre les mains du maître devient chose vaine et tombe comme un glaive brisé.

Au surplus, je crois le peuple — et surtout le peuple de Paris, — mûr ou bien près d'être mûr à cette idée de législation directe. Le 2 décembre l'a prouvé. Le peuple alors est resté sourd à la voix de ceux qui se prétendaient ses chefs, et qui, — affublés de l'écharpe, armoriés du titre de représentants, — le conviaient à la défense de leurs prérogatives. Il est resté neutre en face des deux champions, bourgeois et prince, qui se disputaient le pouvoir. Et, en effet, que lui importe les couleurs du maître, s'il lui faut encore subir un maître ? Il a donc laissé passer Bonaparte. Mais patience : d'une négation à une affirmation il n'y a qu'un pas. Et le jour n'est pas loin où, de spectateur ennuyé au tournoi des coteries politiques, il va se faire acteur et intervenir en jetant dans l'arène son gant démocratique ; et devant tous les vieux partis, — Légitimité-cadavre, Branche-pourrie, Empereur-vampire, Révolutionnaires momifiés dans le granit de 93, et devant le Passé, et devant le Présent, et devant l'Avenir, s'affirmer, lui, le grand Tout, dans sa souveraineté.

Je crois donc qu'à la prochaine prise d'armes de la démocratie sociale, la législation directe pourra être et sera décrétée par le peuple de Paris sur ses barricades et acclamée ensuite par le peuple des départements.

La voici formulée par articles, telle que je l'ai comprise. __________

Art. Ier. La souveraineté réside dans l'universalité du peuple, sans distinction d'âge ni de sexe.

Elle est directe, imprescriptible, inaliénable.


Art. 2. L'unité de la République est formée de toutes les communes aujourd'hui existantes et fédérées alors entre elles.

La commune est fractionnée en autant de sections qu'il est nécessaire pour la facilité des réunions et des délibérations.

Le peuple, dans sa collectivité nationale, est souverain pour décider de ce qui est d'intérêt général.

Le peuple, dans sa collectivité communale, est souverain pour décider de ce qui est d'intérêt local.


Art. 3. Il sera formé autant de commissions spéciales qu'il est nécessaire pour l'examen, le rapport, et au besoin la rédaction des propositions.

Ces commissions ne sont pas nommées à l'élection, mais se recrutent d'elles-mêmes volontairement, anarchiquement parmi l'universalité des habitants de la commune, si elles sont d'intérêt local, ou parmi l'universalité des habitants des communes-unies, si elles sont d'intérêt général.

Art. 4. Toute proposition d'intérêt général, qui réunit 50000 adhérents, est portée de droit à la connaissance de toutes les sections des communes-unies.

Toute proposition d'intérêt local, qui réunit 100 adhérents, est portée de droit à la connaissance de toutes les sections de la commune.

Art. 5. Après lecture, la proposition est ou rejetée ou prise en considération. Si elle est prise en considération, elle est renvoyée à la commission spéciale pour revenir à son tour et avec rapport de commission à l'ordre du jour des sections. Si l'urgence a été déclarée, la discussion, au contraire, peut s'ouvrir immédiatement.

Pour qu'une proposition devienne loi, il faut qu'elle soit adoptée par la majorité plus un des votants.

Des fonctions publiques.

Art. 6. La nomination aux fonctions publiques ne se fait pas à l'élection, mais par adjudication.

Le fonctionnaire ou l'association de fonctionnaires est toujours et à chaque instant révocable et responsable.

Du ministère communal.

Art. 7. Chaque commune adjuge à une association soumissionnaire le travail administratif du ministère de la commune, autrement dit la Mairie ; peu importe le nom.

Ce ministère se divise en deux catégories ou départements,

L'un du travail ou de la production et chargé de l'intérieur ;

L'autre de l'échange ou de la circulation, et chargé de l'extérieur.

Chacune de deux branches du ministère, en ce qui concerne ses attributions, exécute et veille à l'exécution des décisions prises par le peuple.

Du Ministère National.

Art. 8. Le ministère de la commune, [désigné] temporairement par le sort comme centre administratif, remplit l'office de ministère national auprès de toutes les communes de la République et des nationalités étrangères.

Des Fonctions Extérieures.

Art. 9. L'universalité du peuple nomme aussi, au moyen de l'adjudication, ses commis auprès des autres nations avec mandat impératif, c'est-à-dire qu'elle adjuge à une ou plusieurs associations soumissionnaires les bureaux représentatifs de la France à l'étranger, ce qu'on nomme aujourd'hui les consulats et les ambassades. Et ce sont ces associations, qui, dans la zone qui leur est concédée, et selon le mode particulier à chacune d'elles, désignent tel ou tel de leurs membres pour occuper tel ou tel poste, se charger de telle ou telle mission.

De la Justice.

Art. 10. La justice est gratuite.

Elle est rendue par des arbitres choisis de moitié par le plaignant et le prévenu.

Il est facultatif, à celui qui est déclaré coupable, de se soumettre ou non au jugement qui le condamne. Nulle coercition légale ne peut être invoquée contre lui pour violenter brutalement sa volonté.

Mais la publicité du verdict et de l'acte qui a motivé le verdict n'est pas interdite ; au contraire : la constatation des fautes et des crimes est, sinon le seul, du moins le plus grand châtiment que puissent encourir ceux qui ont failli envers leur prochain.

Le jour où il sera de service, l'arbitre recevra de sa commune la paie d'une journée de travail : la rétribution, pour toute fonction éventuelle en dehors de l'adjudication, étant uniforme et basée sur le prix moyen d'une journée d'ouvrier.

De la Police et de l'Armée.

Art. 11. La police, comme l'armée, sont abolies.

Tout le peuple faisant sa police, pas de police en dehors du peuple.

Plus de corps spéciaux ayant une organisation permanente qui soit un danger pour la liberté publique. Tout le peuple armé, pas d'armée en dehors du peuple ; pas même pour le génie, pas même pour la marine. Des ingénieurs civils, des navigateurs civils faisant, — quand le tour de rôle les y invite, — leur service dans les compagnies du génie, leur service sur les bâtiments de guerre. Et cela sans cesser de demeurer, — leur garde montée ou leur voyage accompli, —travailleurs de l'industrie, travailleurs de l'échange maritime.

L'Enseignement.

L'enseignement est libre.

Art. 12. La rétribution d'apprenti est allouée par la commune à l'élève, la rétribution d'ouvrier à l'instituteur isolé.

Chaque commune concède par adjudication l'enseignement primaire et les bâtiments-écoles à une ou plusieurs associations d'instituteurs.

Toutes ou partie des communes-unies opèrent de même pour l'enseignement supérieur et les bâtiments et mobiliers nécessaires à cet usage.

Article additionnel. Tous codes, lois, décrets, antérieurs à la proclamation présente sont déclarés nuls et non avenus, comme n'ayant pas été délibérés et votés par le peuple, le seul législateur souverain.


## Section IV


Maintenant, afin d'être plus clair et de mieux faire comprendre toute ma pensée, je vais donner quelques développement aux articles qui le comportent.

Art. 1er. (Voir le précédent numéro.)

Et, en effet, qui la veut réellement la veut ainsi.

Voyons, r[ésonn]ons un peu :

Fixeriez-vous à 21 ans l'âge de la majorité ! Mais est-ce que tel homme de 20 ans ne peut pas avoir les facultés aussi développées que tel autre de 21 ans ? Est-ce qu'il n'est pas son égal, humainement parlant ? Le fixerez-vous à 20 ans ? Est-ce qu'il n'en est pas de même pour celui de 19, et ainsi pour les autres ? Pour être conséquent, il vous faudrait aussi fixer l'âge où le vieillard, perdant de ses facultés et retombant en enfance, ne devra plus voter ; établir des catégories de capacité ; chasser des comices législatifs ceux qui ne savent pas lire, ne savent pas ou savent peu discuter. Est-ce que par hasard les enfants à la mamelle réclameront un bulletin de vote ? Et, — dans cette société, vieille de civilisation, où l'on rencontre encore, debout et galvanisée par la pile électrique du capital, l'institution fossile de la famille, — eh bien, si, pour les enfants d'un autre âge, le père exerce une influence désastreuse, est-ce que, sur d'autres enfants un autre père ne pourra exercer une influence contraire ? Est-ce qu'il n'y aura pas là une sorte de compensation ?

Nierez-vous le droit de la femme ? Mais la femme est un être humain comme l'homme. Ah ! si les bourgeois de 89 ont fait la Révolution à leur profit et à l'exclusion des prolétaires, — prolétaires, voudriez-vous accomplir la même faute, commettre le même crime en faisant la révolution au profit des hommes et à l'exclusion des femmes ? Non, sans doute ; car alors vous seriez, en aveuglement et en infamie, l'égal de vos maîtres.

Et le voleur et l'assassin même, et le fou, leur ravirez-vous le droit de vote ? Mais au nom de quel principe ? Est-ce au nom de la liberté, au nom de l'égalité, au nom de la fraternité, dites ? — Eliminer des listes législatives le galérien, l'homme le plus autorisé à se plaindre de la société, n'est-ce pas appeler bientôt le tour du prolétaire, cet autre forçat du travail ? Eliminer le fou, n'est-ce pas appeler bientôt aussi le tour du libre penseur, sous prétexte d'opinions subversives ? Eh ! qu'est-ce donc, après tout, que quelques bulletins de plus dans l'urne ? Que font quelques gouttes d'eau, un fleuve même au niveau de l'Océan ?... Fixer un âge, une condition quelconque à l'exercice de la souveraineté, c'est restaurer l'arbitraire sur ses affûts, c'est ouvrir la brèche à toutes les restrictions ; ce sont les " six mois de domicile " de la Constituante qui ont amené fatalement la loi du 31 mai.

Pas de milieu : Le principe de la souveraineté du peuple est bon ou il est mauvais ; s'il est mauvais, pourquoi en prendre le masque, alors que nous n'aurions qu'à le fouler aux pieds, à sortir le droit divin de son puits et à nous mirer dans sa légitimité ? Si, au contraire, il est bon, il faut l'affirmer dans son entier, ne pas l'estropier, le prendre avec tous ses membres, accepter ses conséquences logiques sous peine de nier le tout en en niant une partie. L'amputer, c'est le tuer.

Et maintenant, parlera-t-on de l'impossibilité ? L'impossibilité...

Joseph Déjacque

en 1847 ne le disait-on pas aussi du suffrage universel ? 1848 est venu, et le suffrage universel a fonctionné ; il en sera de même de la législation directe.

Art. 2 (Voir le précédent numéro.)

Je veux la commune libre parce que je suis pour la liberté contre l'autorité ; parce que je veux laisser au progrès le champ libre ; parce que si une commune est en avant des autres pour n'importe quelle question d'organisation, il n'est pas juste, il est anti-social qu'elle soit entravée dans l'application de ses idées. Je la veux souveraine enfin, parce que je veux l'unité et non l'agglomération... l'agglomé-ration, résultat de la contrainte ; l'unité, résultat de la liberté. C'est la loi d'attraction qui fait graviter les astres dans leur cercle ; c'est la loi d'attraction qui rattachera les communes à l'unité nationale, et, plus tard, les nationalités à l'unité universelle.

J'avais primitivement modifié les circonscriptions communales. " Je veux, — disais-je, — la commune de 50,000 têtes, parce que chacun y trouve la satisfaction de ses besoins. Je la veux ainsi pour qu'elle puisse avoir ses écoles et ses invalides, ses théâtres et ses amphithéâtres ; ses bibliothèques, arsenaux de la pensée, et ses machines, armes industrielles et aratoires ; son palais de cristal, corbeille de toutes les productions, et ses jardins publics, écrin de toutes les fleurs ; ses parcs, ses promenades plafonnées de verdure, et ses salons de loisir, ses salons populaires ombragés de soie et de velours ; ses fontaines, ses monuments, ses bains, ses musées, que sais-je encore ?... l'utile et l'agréable enfin : l'instrument de travail et l'instrument de plaisir.

Mais cette modification, cette augmentation arbitraire des cir-conscriptions d'aujourd'hui est une complication inutile. Les com-munes voisines se grouperont naturellement pour opérer à plu-sieurs ce qu'une seule ne pourrait faire individuellement. Il faut laisser à l'attraction des intérêts l'initiative de leurs groupements, le soin de se solidariser.

Art. 5 (Voir le précédent numéro.)

Le vote s'exerce sur toute proposition, absolument comme pour l'élection en matière de suffrage universel, soit d'un président, si la proposition est d'intérêt général, soit d'un représentant, si elle est d'intérêt local. Et, — comme dans les assemblées parlementaires, — le peuple, qui est son propre représentant, amende, rejette ou adopte tout ce qui est soumis à ses délibérations. DES FONCTIONS PUBLIQUES.

Art. 6 (Voir le précédent numéro.)

Le peuple étant souverain doit nécessairement nommer lui-même aux fonctions. C'est à celui qui fait la loi à la faire exécuter.

Les fonctions, du reste, sont considérablement simplifiées. Les travaux administratifs de toutes sortes devront être adjugés à des associations, — celle-ci pour le maniement de la plume, le personnel des bureaux ; celle-là pour le maniement de la pioche, l'entretien des routes ; telles autres pour le service des chemins de fer, des postes, des bazars, des maisons de retraite et de santé, etc., etc. ; — et chacune de ces associations, dis-je, nommera à l'élection, ou comme il lui plaira le mieux, ceux d'entre les associés jugés le plus aptes à occuper tel ou tel poste. De cette manière, la lèpre du fonctionnarisme est détruite, de ce fonctionnarisme impertinent, paresseux et routinier. Il n'a plus que des travailleurs tous intéressés à l'accomplissement de leur tâche et tous spécialement employés selon leur facultés. DU MINISTERE COMMUNAL.

Art. 7 (Voir le précédent numéro.) DU MINISTERE NATIONAL.

Art. 8 (Voir le précédent numéro.)

Le rôle de chacun des deux département du ministère est bien simple. Il est l'intermédiaire entre le scrutin qui ordonne et les administrations soumissionnaires qui exécutent. C'est en quelque sorte le contre-maître de l'atelier administratif qui distribue la besogne aux ouvriers des diverses spécialités et les surveille à l'œuvre. DES FONCTIONS EXTERIEURES.

Art.9 (Voir le précédent numéro.)

Plus de politique, par conséquent plus de diplomatie. Plus de ces intrigues de cabinet ou d'alcôve, de ces trames perfides et ténébreuses oudies par la fourberie et l'oppobre pour duper les moins fripons ou les plus faibles, comme la toile de l'araignée pour prendre les mouches. Mais des mandataires, drapés dans la loyale parole du peuple, et agissant au grand jour et à mandat découvert. DE LA JUSTICE.

Art.10 (Voir le précédent numéro.)

Comme on le voit, je ne parle ni du geôlier, ni du bourreau, ni de la détention préventive et répressive, ni de la prison, ni de l'échafaud. Ces monstruosités gouvernementales ont fait leur temps. Je ne veux pour toute pénalité que la réparation morale ou matérielle, ou matérielle et morale, selon les cas ; et pour toute mesure préventive et répressive que la publicité, la constatation de la faute ou du crime rivée aux pas du fauteur ou du criminel.

Il faut qu'il ne puisse plus y avoir de péché caché. Il faut que tout péché pardonné ne puisse plus être qu'un péché réparé. La vie privée ne doit pas être m[û]rée, comme l'ont dit ou comme le répètent ceux qui ont des infamies privées à cacher ; elle doit être de verre, afin que tous puissent y lire publiquement et briser sur le front du vice le masque de la vertu. L'inscription universelle, non pas entièrement telle que la comprenait Girardin, mais revue et corrigée, est un des moyens de publicité qui peut servir avantageusement la cause du progrès et démolir, en se substituant à eux, les prisons et les bagnes, le Code pénal et l'échafaud. C'est à ce titre que j'en cite un extrait, après l'avoir élagué des passages qui ne rentrent pas dans mes vues ou qui m'ont sembler s'éloigner de mon sujet : L'INSCRIPTION UNIVERSELLE.

Il n'est rien de caché qui ne doive être mis à découvert, rien de secret qui ne doive être connu.

SAINT-LUC.

Vous connaîtrez la vérité et la vérité vous affranchira.

SAINT-JEAN.

L'inscription universelle assigne à chaque homme sa place, à chaque chose sa valeur, à chaque chiffre son rang ; c'est la science des mathématiques appliquées à l'étude de la politique avec la même certitude qu'elle est appliquée à l'étude de l'astronomie.

L'inscription universelle c'est la statistique vérifiée ; la statistique vérifiée c'est l'ordre social errant, ayant enfin trouvé son axe et son orbite.

L'inscription universelle, c'est le compte ouvert à tout enfant qui naît dans la commune, c'est le grand-livre de chaque Etat, grand livre où tout homme a sa page qui s'appelle Inscription de vie.

L'inscription universelle, c'est le vieux régime pénal, condamné par sa propre impuissance, radicalement réformé, heureusement détruit.

C'est le crime châtié par lui-même ;

C'est le vice extirpé par la publicité ;

C'est la conscience transparente ;

C'est la clarté du jour succédant à l'ombre de la nuit, ombre qui fait pulluler le vice et le crime, le mensonge et la fraude, la dilapidation et la misère, la dépravation et l'hypocrisie, tous les excès et toutes les hontes.

L'inscription universelle, c'est l'inscription individuelle multipliée autant de fois que la Commune compte d'habitants immatriculés, que l'Etat compte de Communes organisées, que le Globe compte d'Etats civilisés.

L'inscription universelle, en immatriculant l'homme et en lui ouvrant, dans la commune où il est né, un compte constamment tenu à jour, rend les recherches aussi faciles et aussi certaines, qu'elles le sont devenues lorsqu'on s'est avisé de mettre au coin de chaque rue le nom de la rue, au-dessus de chaque porte le numéro de la porte, ou sur l'enveloppe de chaque lettre le nom du destinataire, le nom de l'Etat, le nom de la ville, le nom de la rue et le numéro de la maison.

Avant de tomber en rebut, quel trajet et quels détours ne fait pas, quels retards n'éprouve pas, quelques risques ne court pas une lettre qui porte une indication insuffisante ou inexacte, lettre qui fût arrivée tout droit sans retards et sans risques avec une indication qui eût été exacte et suffisante !

Ce qui a lieu pour un grand nombre de lettres a lieu pour un nombre d'individus infiniment plus grand, individus qui, par l'immensité même de leur nombre et l'épaisseur de leur obscurité, échappent dans la plupart des circonstances et des actes de leur vie à tout contrôle nécessaire.

Je connais l'objection : elle consiste à dire qu'un contrôle qui riverait en quelque sorte l'individu à la commune comme la chaîne à l'anneau, qui le suivrait partout comme la chaîne qui s'allonge sans se rompre, serait la destruction de toute liberté.

Je réponds : Non, ce serait la destruction de toute obscurité. L'homme de bien qui n'aurait aucune tare à cacher conserverait sa liberté ; non-seulement il la conserverait entière, mais encore il ne tarderait pas à la posséder plus grande ; le malfaiteur, seul, y perdrait une forte partie de la sienne. Mais depuis quand donc la fausse monnaie est-elle fondée à se plaindre de ce que, la vraie étant trop parfaite, il soit trop difficile et conséquemment trop pé-rilleux de la contrefaire ? Est-ce que la pièce de monnaie qui porte avec elle-même la preuve de sa valeur circule moins librement que si cette valeur n'était pas constatée et qu'il fallût vérifier le poids et le titre de chaque pièce chaque fois qu'elle passe d'une main dans une autre main ? Non, au contraire, elle circule d'autant plus libre-ment, d'autant plus sûrement, d'autant plus rapidement, qu'elle est mieux frappée et plus inimitable ?

L'ordre, ce n'est pas la compression, c'est l'ordre ; mais pour que l'ordre existe dans une société il faut commencer par l'y établir.

Or, l'ordre social, qui comprend l'ordre matériel et l'ordre moral, inséparables l'un de l'autre, ne sera solidement assis que lorsqu'il reposera sur l'inscription universelle.

Alors les bons ne paieront plus pour les mauvais ; alors l'homme de paix, de liberté et de progrès ne sera plus légalement respon-sable de l'homme de trouble, de dictature ; alors il sera facile de reconnaître et de trier l'ivraie du bon grain ; alors il sera facile de faire la part et le compte de chacun ; alors, chacun étant respon-sable individuellement de ses actes, aucun ne sera plus injustement solidaire d'actes auxquels il aura refusé de s'associer.

L'inscription universelle, ce n'est donc pas seulement l'ordre, c'est aussi la liberté : la liberté mutuelle scellée par l'ordre public.

Chaque Commune est aux individus immatriculés ce que le titre, dans un Code, est aux articles ; chaque individu est aux valeurs pos-sédées ce que l'article est au paragraphes. Ainsi, par la Commune s'établit le contrôle et s'acquiert la connaissance des personnes, et par les personnes le contrôle et la connaissance des choses. Choses et personnes ont leurs comptes ouverts, aussi exactement tenus et balancés que les comptes courants de la Banque de France.

Chaque extrait de ce compte est ce qui constitue l'Inscription de vie ou Police générale d'assurance, inscription de vie qui remplace :

L'acte de naissance ; Le passe-port ; La carte " législative " ; Le livret.

La statistique, qui était un mensonge et une illusion, devient une vérité. Tout chiffre porte avec lui sa preuve. La preuve est ce qui en fait la valeur.

Alors la police se fait d'elle-même et sans agents ; elle est destituée par la statistique : l'espionnage, qui démoralise sans éclairer, est remplacé par l'enquête qui éclaire sans démoraliser.

Rien de plus simple que la justice pénale telle que je la conçois. Je ne lui demande point d'inventer des tortures et des instruments de supplice qui, pour faire briller la vérité d'une lueur douteuse, font pâlir l'humanité d'une lueur sinistre ; je ne lui demande point de construire des labyrinthes de procédure sous le prétexte menteur de garanties nécessaires à la légitime défense ; non, je ne demande à la justice pénale que d'être le fait judiciairement constaté ; et alors il suffira, pour qu'elle devienne la justice absolue, qu'elle soit la vérité relative.

On conviendra que si la justice humaine se bornait à n'être plus que la justice pénale, et que si la justice pénale se bornait à n'être plus que l'enquête judiciaire et la constatation publique du fait, elle serait singulièrement simplifiée.

Serait-il plus difficile d'être arbitre que d'être juré ? Est-il démontré que le président d'assises, dont actuellement la fonction consiste à appliquer la peine à l'accusé ou à renvoyer le prévenu de la plainte, ne fasse pas là une chose superflue, après que le jury a prononcé le verdict de condamnation ou d'acquittement qui admet ou qui écarte l'imputation du fait ?

Si la conscience publique était ce que, livrée à elle-même, elle ne tarderait pas à devenir, ne serait-elle pas de tous les juges le plus redoutable et le plus redouté ? Quelles peines seraient à craindre à l'égal de son blâme, de son mépris, de son exécration, équivalant le plus souvent à l'expatriation pour cause de honte publique ?

Expatriation pour cause de honte publique : — Quelle admirable peine, et comme celle-ci relèverait promptement une nation à ses propres yeux d'abord, et ensuite aux yeux de tous les autres peuples !

Joseph Déjacque

La peine de mort est-elle nécessaire pour que les hommes réunis en société jouissent d'une sécurité mutuelle ?

Je n'hésite pas à répondre : Non.

Mais ce n'est pas seulement la peine de mort qui doit disparaître, c'est tout l'ensemble des mesures de répression.

Mesures qui aggravent le mal au lieu de le diminuer !

Constater le crime commis doit être désormais son seul châtiment, châtiment plus terrible que celui qui consiste à le punir ; mais, de la rigueur de ce châtiment, le coupable ne pourra s'en prendre qu' ! lui-même : s'il le trouve trop dur et trop long, ce sera son affaire de chercher comment, ayant commis la faute, il pourra l'expier, la réparer, l'effacer, se la faire pardonner.

En donnant pour unique châtiment au crime commis le crime constaté, que fait la société ?

Elle oblige ainsi le coupable à fuir, au bout du monde, le lieu de sa faute ; elle l'oblige, non par un texte de loi, mais par l'impossibilité absolue de s'envelopper dans l'ombre.

Si la publicité, telle qu'elle peut être constituée, faisait la lumière dans cette nuit qu'on appelle la Société, l'on n'aurait plus besoin ni d'échafauds ni de bagnes, ni de maisons de force et de correction, ni de Code pénal, ni de jury.

Alors le devoir de la justice serait extrêmement simple, car il se bornerait à constater que tel individu a commis tel jour, en tel lieu, tel meurtre, tel vol, tel faux ou tel autre acte condamné par la conscience publique.

La peine de mort et toutes les peines afflictives pourront être abolies dès que la société sera administrée comme elle peut et comme elle doit l'être.

C'est dans l'indélébilité du crime constaté que doit être la punition du crime commis. DE LA POLICE ET DE L'ARMEE.

Art. 11. (Voir le précédent numéro.)

Rappeler au souvenir de tous les scènes vexatoires et sanglantes de la police et de l'armée n'est-ce pas rappeler sur elles l'excommunication civique, la dissolution éternelle ?

La police et l'armée !... Eh ! qui donc, aujourd'hui encore, ne serait point las de tendre le cou au lacet et au yatagan de ces deux muets du capital, ce sultan aux fibres argentines, aux lubricités métalliques, aux jalousies impitoyables ?

La police, comme la justice, ne doit être que la conscience publique se manifestant librement. Là où la conscience publique est libre la police n'a pas de raison d'être. Chacun participant individuellement de la conscience publique, il s'en suit que chaque conscience individuelle devient à soi-même son propre agent de police.

L'armée, en tant que force organisée pour le soutien de l'Autorité et la guerre contre la Liberté à l'intérieur comme à l'extérieur, doit disparaître. Tout homme doit être homme d'armes quand la commune ou les communes unies, quand la chose publique est menacée. La fonction de légitime défense ne sauraient se déléguer. C'est, en régime de législation directe et universelle, un droit et un devoir comme celui de faire la loi, une dette personnelle et physique que chacun est tenu d'acquitter volontairement quand il y a danger à l'intérieur comme à l'extérieur. Chaque commune, à la rigueur, pourrait avoir ses cours de maniement d'armes, de tir au fusil et au canon et d'e[x]crime à la baïonnette. Certaines communes du centre pourraient même avoir des écoles spéciales pour le génie et l'artillerie. Certaines autres, comme les principaux ports-de-mer, pourraient aussi avoir des écoles de marines guerrière. Mais aucune ne pourrait avoir une organisation militaire de gens soldés, une force disciplinées de soldats, ces prétoriens forcés de tous les Césars passés, présents et futurs.

Le mieux même serait de supprimer tous ces exercices belliqueux. Il est toujours dangereux d'habituer les peuples d'aujourd'hui, ces grands enfants, à jouer au soldat. L'esprit public se chauvinise, se crétinise ainsi. Les fils héritent du goût des pères pour ces sortes de mascarades tragi-comiques et, pour répondre dans le moment présent à un danger souvent imaginaire, on crée pour la génération à venir un danger très réel, le danger de l'hébêtement en masse. Du reste et après tout, un peuple comme un homme est toujours fort, fut-il conscrit au maniement des armes, quand il a dans le cœur et dans le cerveau l'amour et l'intelligence de la liberté ! — A la fonte donc ! tous les canons rayés ou non. Transformons-les, comme la guillotine, cet autre engin de meurtre, en instruments de production. Révolutionnaires de France, voulons-[vous] être fort dans la lutte suprême de la Liberté contre l'Autorité ? voulons-[vous] triompher des ennemis du dedans comme des ennemis du dehors ? Eh bien ! à la prochaine proclamation de la République, donnons au monde un grand exemple : brûlons nos forteresses, comme les anciens brûlaient leurs vaisseaux !... Plaçons-nous dans la nécessité de vaincre ou de mourir. Il n'y a de prudents que les imprudents ! Rappelez-vous les barricades de Juin, ce sont elles qui ont perdu l'insurrection. Sans ces remparts de pavés, qu'il avait élevé de ses mains, le prolétariat ne serait pas resté à en veiller les créneaux dans se faubourgs, il aurait marché sur l'Hôtel-de-Ville, sur le Palais-Bourbon ; et, son nombre et son audace aidant, il serait sorti vainqueur de la lutte. C'est comme dernièrement en Italie, un remarque que d'autres auront pu faire comme moi : Les soldats autrichiens étaient-ils à l'abri de retranchements presque inexpugnables, soi-disant, — ils ne pouvaient résister à l'assaut des soldats français. Ce qu'il y a de curieux, c'est que ces mêmes Français, à l'abri des mêmes retranchements dont ils avaient délogé les Autrichiens, ne pouvaient, à leur tour résister à l'assaut de ces mêmes Autrichiens, qui pourtant s'étaient laissés déloger par eux l'instant d'auparavant. Des positions ont ainsi été prises et reprises six à sept fois, témoignant avec l'autorité de l'évidence contre le préjugé des fortifications. Si j'avais été le généralissime autrichien, j'aurais fait raser toutes les places-fortes encore en mon pouvoir, jusques et y compris le fameux quadrilatère. C'eût été, j'en suis sûr, un moyen de lutter avec plus de chance de succès contre la furiosa francesca. En définitive, si dans une guerre comme celle-là, une guerre d'intrigue, les forteresses sont une cause de perdition pour ceux qui les occupent, elles sont d'une utilité bien autrement douteuse dans une guerre de principe où la force morale est d'un bien plus grand secours que la force brutale, où l'énergie de pensée centuple la puissance de l'action.

Quant aux guerres révolutionnaires à l'intérieur ; en ce qui touche aux secours fraternitaires demandés par d'autres peuples en insurrection contre leur roi, leur clergé ou leur bourgeoisie ; ce sont des associations de volontaires qui devront s'organiser entre eux à la frontière et s'entendre avec les peuples insurgés qui les auront appelés ; à peu près comme les armées industrielles qui entreprendront le percement d'une montagne, le creusement d'un canal ou le dessèchement d'un marais. DE L'ENSEIGNEMENT.

Art. 12. (Voir le précédent numéro.)

L'enseignement gratuit ; une indemnité allouée aux prolétaire qui suivront les cours et aux parents des jeunes élèves, ou l'enfant nourri, vêtu, couché dans une maison spéciale, aérée, spacieuse et ouverte à la vie extérieure, au lieu de l'enseignement à prix d'or et de la claustration des coll[é]ges.

L'enseignement libre. Chacun pouvant professer. C'est-à-dire l'essor donné au progrès. De nouvelles méthodes et de nouveaux plans d'études sortant des limbes de la théorie et venant demander et venant recevoir de la lumière de la publicité le baptême de l'expérience. L'enseignement des langues vivantes, par exemple, substitué pour le plus grand nombre à l'enseignement des langues mortes. L'instruction professionnelle et sociale substituée à l'instruction bourgeoise et avocassière. L'étude attrayante remplaçant l'étude abrutissante. — Les ignorantins du Catholicisme et de l'Université, les boutiquiers d'instruction et d'éducation tués, enterrés par la rude concurrence de la gratuité, de la liberté et de la vérité de l'enseignement. Tous ces marchands de prières et d'amulettes, sous prétexte d'éducation ; tous ces marchands de soupe ou de papier, sous prétexte d'instruction, chassés par le délaissement, du temple de la science. L'instituteur créé pour l'élève et non plus l'élève créé pour l'instituteur.

« Article additionnel. « (Voir le précédent numéro.)

Parce que nul ne peut être contraint à subir les lois qu'il n'a pas faites et que, contre de pareilles lois, « l'insurrection est le plus sacré des droits et le plus indispensable des devoirs. «

C'est au peuple, s'il veut des lois, et une fois en possession du mécanisme de la législation directe, à mettre en ébullition toutes ses intelligences et à faire fonctionner tous ses rouages.

Oh ! — comme le plan des mains de l'ingénieur dans l'atelier de construction, que la législation directe n'est-elle pas passé du droit dans le fait ; que n'est-elle en mouvement au service de la souveraineté du peuple !

Oh ! se fait-on idée d'une organisation révolutionnaire de la force d'impulsion de 36 millions de têtes.

Joseph Déjacque

ISBN : 978-1973848059